团 体 标 准

公路桥梁斜拉索及吊索防护用聚氟乙烯缠包带

PVF Tape for Protection of Stay Cables and Suspenders of Highway Bridges

T/CHTS 20010—2021

主编单位：中交第二公路勘察设计研究院有限公司
发布单位：中国公路学会
实施日期：2021 年 04 月 20 日

人民交通出版社股份有限公司
北 京

图书在版编目(CIP)数据

公路桥梁斜拉索及吊索防护用聚氟乙烯缠包带：T/CHTS 20010—2021 / 中交第二公路勘察设计研究院有限公司主编. —北京：人民交通出版社股份有限公司，2021.4
 ISBN 978-7-114-17057-7

Ⅰ.①公…　Ⅱ.①中…　Ⅲ.①公路桥—斜拉桥—缆索—聚氟乙烯—缠绕带—企业标准—中国　Ⅳ.①U448.14-65

中国版本图书馆 CIP 数据核字(2021)第 030264 号

标准类型：团体标准
　　Gonglu Qiaoliang Xielasuo ji Diaosuo Fanghu Yong Jufuyixi Chanbaodai
标准名称：公路桥梁斜拉索及吊索防护用聚氟乙烯缠包带
标准编号：T/CHTS 20010—2021
主编单位：中交第二公路勘察设计研究院有限公司
责任编辑：郭红蕊　韩亚楠
责任校对：席少楠
责任印制：张　凯
出版发行：人民交通出版社股份有限公司
地　　址：(100011)北京市朝阳区安定门外外馆斜街 3 号
网　　址：http://www.ccpcl.com.cn
销售电话：(010)59757973
总 经 销：人民交通出版社股份有限公司发行部
经　　销：各地新华书店
印　　刷：北京鑫正大印刷有限公司
开　　本：880×1230　1/16
印　　张：1.5
字　　数：38 千
版　　次：2021 年 4 月　第 1 版
印　　次：2021 年 4 月　第 1 次印刷
书　　号：ISBN 978-7-114-17057-7
定　　价：21.00 元

(有印刷、装订质量问题的图书由本公司负责调换)

中国公路学会文件

公学字〔2021〕30号

中国公路学会关于发布《公路桥梁斜拉索及吊索防护用聚氟乙烯缠包带》的公告

现发布中国公路学会标准《公路桥梁斜拉索及吊索防护用聚氟乙烯缠包带》(T/CHTS 20010—2021),自2021年4月20日起实施。

《公路桥梁斜拉索及吊索防护用聚氟乙烯缠包带》(T/CHTS 20010—2021)的版权和解释权归中国公路学会所有,并委托主编单位中交第二公路勘察设计研究院有限公司负责日常解释和管理工作。

中国公路学会

2021年3月29日

前 言

本标准是在总结国内外桥梁斜拉索、吊索防护用聚氟乙烯缠包带相关研究成果及工程应用的基础上编制。

本标准按照《中国公路学会标准编写规则》(T/CHTS 10001)编写,主要内容包括:范围,规范性引用文件,术语和符号,结构和型号,技术要求,试验方法,检验规则,标志、包装、运输和储存,安装。

本标准实施过程中,请将发现的问题和意见、建议反馈至中交第二公路勘察设计研究院有限公司(地址:武汉市经济技术开发区创业路 18 号;联系电话:027-84214090;电子邮箱:472438444@qq.com),供修订时参考。

本标准由中交第二公路勘察设计研究院有限公司提出,受中国公路学会委托,由中交第二公路勘察设计研究院有限公司负责具体解释工作。

主编单位:中交第二公路勘察设计研究院有限公司

参编单位:中智桥康(武汉)科技有限公司、中建美科技有限公司、上海市政工程设计研究总院(集团)有限公司、中国公路工程咨询集团有限公司、广东省交通规划设计研究院、北京公科固桥技术有限公司、云南省交通规划设计研究院有限公司

主要起草人:南军强、朱玉、叶明坤、覃立香、韦谋超、高帅、刘阳、蒋彦征、胡盛、梁立农、廖军、陈孔令、汪磊

主要审查人:李彦武、鲍卫刚、钟建驰、刘元泉、秦大航、赵君黎、周海涛、杨耀铨、侯金龙、韩亚楠

T/CHTS 20010—2021

目　次

1 范围 ··· 1
2 规范性引用文件 ··· 2
3 术语和符号 ··· 3
　3.1 术语 ··· 3
　3.2 符号 ··· 3
4 结构和型号 ··· 4
　4.1 结构 ··· 4
　4.2 型号 ··· 4
　4.3 颜色 ··· 4
5 技术要求 ·· 5
　5.1 材料 ··· 5
　5.2 外观 ··· 5
　5.3 工艺 ··· 5
　5.4 性能 ··· 5
6 试验方法 ·· 7
　6.1 外观和尺寸检验 ··· 7
　6.2 性能试验 ·· 7
7 检验规则 ·· 8
　7.1 检验分类 ·· 8
　7.2 型式检验和出厂检验项目 ·· 8
　7.3 检验结果的判定 ··· 8
8 标志、包装、运输和储存 ··· 10
　8.1 包装 ·· 10
　8.2 标志 ·· 10
　8.3 运输和储存 ··· 10
9 安装 ·· 11
　9.1 缠包要求 ·· 11
　9.2 缠包检查与修复 ··· 11
附录 A(资料性附录) 缠包带用量计算方法 ·· 12
用词说明 ··· 13

公路桥梁斜拉索及吊索防护用聚氟乙烯缠包带

1 范围

本标准规定了公路桥梁斜拉索及吊索防护用聚氟乙烯缠包带的结构和型号,技术要求,试验方法,检验规则,标志、包装、运输和储存,安装等。

本标准适用于公路桥梁斜拉索及吊索防护用聚氟乙烯缠包带的生产、检验及安装。

2 规范性引用文件

下列文件对于本文件的应用是必不可少的。凡是注日期的引用文件,仅注日期的版本适用于本文件。凡是不注日期的引用文件,其最新版本(包括所有的修改单)适用于本文件。

GB/T 2423.3　　环境试验　第2部分:试验方法　试验Cab:恒定湿热试验
GB/T 2792　　胶粘带剥离强度的试验方法
GB/T 6672　　塑料薄膜和薄片　厚度测定　机械测量法
GB/T 9754　　色漆和清漆　不含金属颜料的色漆漆膜的20°、60°和85°镜面光泽的测定
GB/T 16422.2　　塑料　实验室光源暴露试验方法　第2部分:氙弧灯
GB/T 16578.1　　塑料薄膜和薄片　耐撕裂性能的测定　第1部分:裤形撕裂法
GB/T 26253　　塑料薄膜和薄片水蒸气透过率的测定　红外检测器法
GB/T 30776　　胶粘带拉伸强度与断裂伸长率的试验方法
GB/T 32370　　胶粘带长度和宽度的测定

3 术语和符号

3.1 术语

3.1.1 公路桥梁斜拉索及吊索防护用聚氟乙烯缠包带 PVF tape for protection of stay cables and suspenders of highway bridges

由聚氟乙烯薄膜上涂覆胶粘剂制成,缠包在桥梁斜拉索及吊索表面起保护作用的胶带,简称为PVF缠包带。

3.1.2 有效厚度 effective thickness of PVF tape

由聚氟乙烯薄膜、胶粘剂组成的聚氟乙烯缠包带的厚度。

3.1.3 缠包重叠率 overlapping ratio

螺旋缠包在拉索上时重叠部分的宽度与缠包带宽度的比值。

3.2 符号

L_i——斜拉索或吊索长度(m);

k——缠包重叠率;

S_c——缠包面积(m^2);

S_p——缠包带用量(m^2),计算方法见本指南附录A;

p——缠包损耗率;

D——拉索PE外径(m)。

4 结构和型号

4.1 结构

4.1.1 缠包带由聚氟乙烯薄膜和胶粘剂组成，结构如图4.1.1所示。

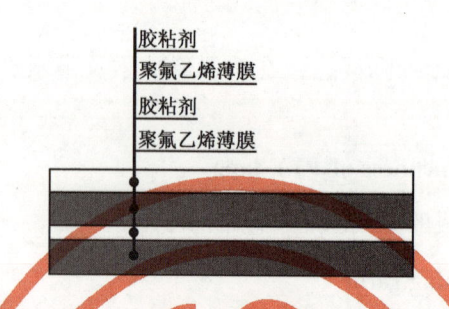

图 4.1.1 缠包带结构示意图

4.1.2 拉索缠包 PVF 后结构如图 4.1.2 所示。

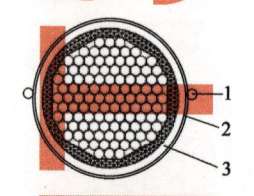

图 4.1.2 拉索缠包 PVF 后结构示意图

1-螺旋线；2-缠包带；3-拉索

4.2 型号

4.2.1 缠包带型号表示方法如下。

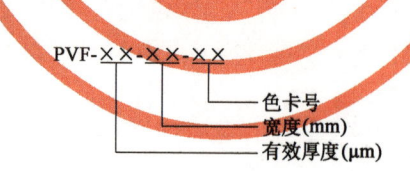

PVF-××-××-××
- 色卡号
- 宽度(mm)
- 有效厚度(μm)

4.2.2 型号示例：PVF-110-110-1276，表示执行本标准有效厚度为110μm，宽度为110mm，色卡号为1276的公路桥梁斜拉索及吊索防护用聚氟乙烯缠包带。

4.3 颜色

4.3.1 按照建筑颜色表示方法，主要色卡号如下。

1 灰白色：1276,1341,0472,0481,0501,0521,0621。
2 红色：1083,1085,1094,1674。
3 蓝色：1593,0563,0573,0582。

5 技术要求

5.1 材料

5.1.1 聚氟乙烯薄膜应无褶皱与破损。性能要求应满足表5.1.1的规定。

表 5.1.1 聚氟乙烯薄膜性能要求

序号	性能项目		单位	性能指标
1	标准厚度		μm	38_0^{+3}
2	拉伸强度		N/cm	≥15
3	断裂伸长率		%	≥90
4	水蒸气透过率		g/(m²×24h)	≤35
5	耐老化性能（氙弧灯≥1 000h）	拉伸强度下降率	%	≤15
		断裂伸长率下降率	%	≤20

5.1.2 胶粘剂应满足环保要求；与斜拉索及吊索高密度聚乙烯外套（HDPE）不发生化学反应；黏结力应满足本标准第5.4.2条的要求。

5.2 外观

5.2.1 颜色应一致，无色差。

5.2.2 收卷应紧实，侧边平齐。无影响使用的褶皱与破损。

5.3 工艺

5.3.1 缠包带主要生产工艺为：制作双层PVF膜；与隔离膜黏结制成PVF缠包带卷材；分切与包装。

5.3.2 PVF膜复合黏结时，薄膜应无破损与褶皱，胶粘剂应涂布均匀，无漏涂，无气泡，胶粘剂厚度不小于15μm，公差0～3μm。

5.3.3 双层PVF薄膜与隔离膜黏结时，胶粘剂应涂布均匀，无漏涂，无气泡，胶粘剂厚度不小于20μm，公差0～3μm。

5.3.4 缠包带分切时，切口应整齐，无毛边，无撕裂，无波浪形。

5.4 性能

5.4.1 缠包带设计使用年限应为20年。

5.4.2 缠包带性能应符合表5.4.2的要求。

表 5.4.2 缠包带的性能要求

序号	性能项目		单位	性能指标
1	宽度公差		mm	±1.5
2	长度误差		m	±0.3%
3	有效厚度		μm	≥110
4	拉伸强度		N/cm	≥43
5	断裂伸长率		%	≥90
6	抗撕裂力		N	≥16
7	黏结力	与HDPE	N/cm	≥3.2
		与聚氟乙烯薄膜间	N/cm	≥5.5
8	湿热老化后性能 (85℃,RH85%, 1 000h)	拉伸强度下降率	%	≤15
		断裂伸长率下降率	%	≤20
		黏结力 与HDPE	N/cm	≥3.2
		与聚氟乙烯薄膜间	N/cm	≥5.5
9	光泽度(85°几何条件)		—	20~40

6 试验方法

6.1 外观和尺寸检验

6.1.1 外观应采用目测与手感方法进行检查。

6.1.2 宽度、长度采用最小取值为0.01mm的测量仪,按照GB/T 32370要求方法进行测定。

6.1.3 厚度采用精度为1μm的测量仪,按照GB/T 6672要求方法进行测定。

6.2 性能试验

6.2.1 拉伸强度与断裂伸长率试验应按GB/T 30776的规定进行。

6.2.2 聚氟乙烯薄膜水蒸气透过率试验应按GB/T 26253的规定进行。

6.2.3 聚氟乙烯薄膜耐老化性能试验:老化试验应按GB/T 16422.2的规定进行,老化后力学性能(拉伸强度与断裂伸长率)测试按GB/T 30776的规定进行。

6.2.4 缠包带的抗撕裂力试验应按GB/T 16578.1的规定进行。

6.2.5 缠包带的黏结力试验应按GB/T 2792的规定进行。

6.2.6 缠包带湿热老化后性能试验:湿热老化试验应按GB/T 2423.3的规定进行,湿热老化后力学性能拉伸强度、断裂伸长率与黏结力试验分别按GB/T 30776和GB/T 2792的规定进行。

6.2.7 缠包带的光泽度试验应按GB/T 9754的规定进行。

7 检验规则

7.1 检验分类

7.1.1 缠包带检验分为型式检验、出厂检验和原材料进厂检验。

7.1.2 有下列情况之一时，应进行型式检验：

——新产品的试制定型鉴定时；

——停产半年以上恢复生产时；

——配方、生产工艺或原材料有较大改变时；

——国家质量监督机构或用户提出进行型式检验的要求时。

7.1.3 出厂检验为生产单位在每批产品出厂前进行的厂内产品质量检验。

7.1.4 原材料进厂时均应进行进厂检验，材料性能应符合本标准第5.1节的相关要求，取样方法参照 GB/T 2547。

7.2 型式检验和出厂检验项目

7.2.1 缠包带应成批验收，每次供货合同为一批，每一批次为一个取样单位。

7.2.2 缠包带型式检验和出厂检验项目与数量应按表7.2.2的规定进行。

表 7.2.2 缠包带型式检验和出厂检验项目

序号	检验项目	技术要求	检验方法	型式检验		出厂检验	
				检验	抽样数量	检验	抽样数量
1	外观	5.2	6.1.1	＋	每批抽2卷	＋	每批抽2卷
2	长度	5.4.2	6.1.2	＋		＋	
3	宽度	5.4.2	6.1.2	＋		＋	每批抽2m
4	有效厚度	5.4.2	6.1.3	＋		＋	
5	拉伸强度	5.4.2	6.2.1	＋	每批抽4m	＋	
6	断裂伸长率	5.4.2	6.2.1	＋		＋	
7	抗撕裂强度	5.4.2	6.2.4	＋		—	—
8	黏结力	5.4.2	6.2.5	＋		—	—
9	湿热老化性能	5.4.2	6.2.6	＋		—	—
10	光泽度	5.4.2	6.2.7	＋		—	—

注："＋"为检验项目，"—"为非检验项目。

7.3 检验结果的判定

7.3.1 原材料进厂检验结果不符合本标准要求的不得投入生产使用。

7.3.2 型式检验结果全部合格的,则判该批产品为合格品。当检验项目有不合格项时,应从该批产品中随机再抽双倍数量试样进行复检,复检项目全部合格的,判定为合格品;复检仍有不合格项时,判定该批次为不合格品。

7.3.3 出厂检验结果全部合格的,则判该批产品为合格品;有不合格项时,判定该批次产品为不合格品。

8 标志、包装、运输和储存

8.1 包装

8.1.1 缠包带内衬芯的内径宜为 76mm。

8.1.2 每一卷缠包带用塑料袋单独包装并密封。

8.2 标志

8.2.1 每卷缠包带上应标明：产品型号，每卷的长度，制造商名称。

8.2.2 外包装箱上应标明：产品型号，装箱数量，制造商名称。

8.2.3 产品合格证书内容应包括：制造商名称，产品型号，执行标准，生产日期或产品批号。

8.3 运输和储存

8.3.1 缠包带在运输和储存时不应混入杂物，不应与尖锐物品混放以免造成破损。

8.3.2 缠包带在运输与储存过程中，应防晒、防潮；严禁与酸、碱、油类、有机溶剂等影响产品质量的物质接触，并距离热源 5m 以上，注意防火。

9 安装

9.1 缠包要求

9.1.1 不应损坏斜拉索护套及相关部件。

9.1.2 安装前应对拉索聚乙烯外套(PE)表面进行检查、清洁与修复，PE表面应清洁、干燥、无破损；表面不应有凸起、尖锐物以及油污等影响黏结的物质。

9.1.3 安装前应选取不少于6m长的节段进行缠包工艺试验与工装调试。

9.1.4 缠包应采用螺旋的方法以50%的重叠率进行，误差0～10%，并满足下列要求：

    1 缠绕时应保持5～15N张力。

    2 缠包过程不应出现褶皱、气泡、破损等缺陷。

9.1.5 起始端和末端应以0角度重复绕两圈。

9.1.6 接续时，接合部位应以0角度全重叠包缠，其搭接长度不少于150mm。

9.1.7 拉索上下端防水罩内均应缠包。

9.1.8 缠包施工宜在5～35℃温度环境下进行，雨天或环境湿度大于80%时不应进行缠包施工。

9.1.9 拉索的螺旋线宜采用缠包带固定，螺旋线应紧贴在缠包后的拉索表面，在起始处及中间段每隔1.5m间距用同型号缠包带0角度缠绕两圈进行固定。

9.2 缠包检查与修复

9.2.1 检查内容包括：重叠率，褶皱、气泡、破损和漏角缺陷。

9.2.2 检查频次及方法应符合下列要求：

    1 重叠率：每缠包10m检查一次，采用精度为1mm的钢尺测量。

    2 褶皱、气泡、破损和漏角缺陷：全长范围内目测检查。

9.2.3 修复方法应符合下列要求：

    1 重叠率不合格：清除后重新缠包。

    2 褶皱、气泡、破损和漏角缺陷：以0角度全重叠缠包。

附 录 A
（资料性附录）
缠包带用量计算方法

A.0.1 缠包带用量按下列方法计算：

$$S_p = S_c \times (1+p)/(1-k) \qquad (A.0.1\text{-}1)$$

$$S_c = \pi D \times L_i \qquad (A.0.2\text{-}2)$$

式中：S_p——缠包带用量(m^2)；

S_c——缠包面积(m^2)；

p——缠包损耗率，一般取 5%，主要考虑施工过程中的损耗，包括开始、结束、中间接续、施工调整等过程中的消耗；

k——缠包重叠率，按设计取值，设计无规定时，按照安装时 50% 的重叠率及 0~10% 公差要求，取 55%；

D——拉索 PE 外径(m)；

L_i——斜拉索或吊索长度(m)。

用 词 说 明

1 本标准执行严格程度的用词,采用下列写法:

1) 表示严格,在正常情况下均应这样做的用词,正面词采用"应",反面词采用"不应"或"不得"。

2) 表示允许稍有选择,在条件许可时首先应这样做的用词,正面词采用"宜",反面词采用"不宜"。

3) 表示有选择,在一定条件下可以这样做的用词,采用"可"。

2 引用标准的用语采用下列写法:

1) 在标准条文及其他规定中,当引用的标准为国家标准或行业标准时,应表述为"应符合×××××的有关规定"。(×××××为标准编号)

2) 当引用标准中的其他规定时,应表述为"应符合本标准第×章的有关规定""应符合本标准第×.×节的有关规定""应按本标准第×.×.×条的有关规定执行"。